JULIAN DELPHIKI

ANALÍTICA WEB & MÓVIL

INTRODUCCIÓN A HERRAMIENTAS, MÉTRICAS Y REPORTS

ANALÍTICA
WEB & MÓVIL

Introducción a herramientas, métricas y reportes

- Julian Delphiki -

Analítica Web & Móvil / Julian Delphiki – 1st Edition

ISBN 9781694423856

ÍNDICE

ESTADO ACTUAL DE LA ANALÍTICA WEB

      DE LA VERDAD A LAS MÉTRICAS INDICATIVAS

      CONSENT MODE

      GA4, EL INEVITABLE

      DE DATA EN TIEMPO-REAL A DATA MEJORADA CON IA

INTRODUCCIÓN

HERRAMIENTAS DE ANALÍTICA WEB

      HERRAMIENTAS DE LAS PLATAFORMAS PUBLICITARIAS

      HERRAMIENTAS CON PANELISTAS

      HERRAMIENTAS CENSALES

      HERRAMIENTAS HÍBRIDAS

MÉTRICAS, DIMENSIONES Y SEGMENTACIONES

      MÉTRICAS

      DIMENSIONES

      SEGMENTACIONES

CANALES Y TRACKING

      CANALES

      TRACKING

PRINCIPALES ANÁLISIS

      AUDIENCIA

      ADQUISICIÓN

COMPORTAMIENTO

ANALÍTICA PARA E-COMMERCE

MÉTRICAS E INFORMES BÁSICOS

EMBUDOS DE CONVERSIÓN

E-COMMERCE MEJORADO

MODELOS DE ATRIBUCIÓN

BIBLIOGRAFÍA Y RECURSOS ADICIONALES

SOBRE JULIAN DELPHIKI

OTROS LIBROS DEL AUTOR

ESTADO ACTUAL DE LA ANALÍTICA WEB

En esta edición, he introducido un nuevo capítulo que profundiza en las últimas tendencias y desarrollos en análisis web, destacando su significativo impacto en los negocios. Este capítulo sirve como una guía integral para comprender el estado actual del análisis web, centrándose en los avances clave y sus implicaciones prácticas.

El análisis web ha evolucionado drásticamente, impulsado por el rápido crecimiento de los datos y la creciente sofisticación de las herramientas analíticas. Las empresas ahora tienen acceso a una gran cantidad de información, lo que les permite obtener una visión más profunda del comportamiento del cliente y tomar decisiones más informadas. Este capítulo explora varias tendencias principales que están dando forma al panorama del análisis web hoy en día.

La integración de la inteligencia artificial y el aprendizaje automático ha revolucionado el análisis web. Estas tecnologías permiten un análisis de datos más preciso y la creación de modelos predictivos, lo que posibilita que las empresas anticipen las necesidades de los clientes y optimicen sus estrategias en consecuencia. La capacidad de procesar grandes cantidades de datos de manera rápida y precisa se ha convertido en un factor decisivo, ofreciendo oportunidades inigualables para la personalización y el marketing dirigido.

Hay un énfasis creciente en el análisis en tiempo real. En una era donde las preferencias de los consumidores pueden cambiar rápidamente, tener acceso a datos actualizados al minuto es crucial. El análisis en tiempo real permite a las empresas responder rápidamente a las tendencias emergentes, ajustar sus campañas sobre la marcha y mejorar la experiencia del cliente. Esta inmediatez es particularmente valiosa en mercados competitivos donde la agilidad puede ser un factor decisivo.

La importancia de la privacidad y la seguridad de los datos ha cobrado protagonismo. Con regulaciones crecientes como el GDPR y la CCPA, las empresas deben navegar por las complejidades del cumplimiento mientras mantienen prácticas analíticas robustas. Este capítulo discute cómo las empresas pueden equilibrar la necesidad de datos informativos con la imperativa de proteger la privacidad del usuario, asegurándose de seguir siendo administradores confiables de la información del consumidor.

Otra tendencia crítica es el cambio hacia modelos de atribución más sofisticados. Comprender el recorrido del cliente siempre ha sido un desafío, pero nuevas metodologías están facilitando el seguimiento y análisis de las interacciones en múltiples puntos de contacto. Los modelos de atribución avanzados proporcionan una imagen más clara de qué esfuerzos de marketing son más efectivos, permitiendo a las empresas asignar recursos de manera más eficiente y maximizar el ROI.

El auge del análisis móvil y omnicanal está transformando la forma en que las empresas abordan el compromiso del cliente. Con los consumidores interactuando con las marcas a través de varios dispositivos y plataformas, tener una visión cohesiva de estas interacciones es esencial.

Tal vez el orden sea cuestionable, ya que probablemente este nuevo capítulo sea el más avanzado con diferencia. Al mismo tiempo, quiero honrar la frescura del contenido y abordar estos temas primero.

DE LA VERDAD A LAS MÉTRICAS INDICATIVAS

Con los últimos avances en la privacidad de datos, la implementación de modos de consentimiento, el uso generalizado de bloqueadores de anuncios y las limitaciones inherentes del muestreo de datos en GA4, los mercadólogos digitales enfrentan un desafío significativo. Estos cambios han introducido un nuevo panorama donde la recolección de datos no es tan exhaustiva como antes. En consecuencia, el análisis web debe ser visto más como una brújula que nos guía a través de tendencias y patrones, en lugar de una imagen completa y detallada del comportamiento del usuario.

Las regulaciones de privacidad de datos, como el GDPR y la CCPA, han endurecido las reglas sobre cómo se pueden recolectar y usar los datos de los usuarios. Los usuarios ahora están más informados sobre sus derechos de privacidad y los ejercen, a menudo optando por no participar en el seguimiento y la recolección de datos. Esta mayor conciencia y regulación significa que una gran parte de los datos de los usuarios ya no está disponible para el análisis. Los modos de consentimiento, como el Consent Mode v2 de Google, intentan navegar estas regulaciones permitiendo la recolección de datos basada en el consentimiento del usuario. Sin embargo, esto significa que solo se dispone de datos parciales, limitados a aquellos usuarios que han permitido explícitamente el seguimiento de sus datos.

Los bloqueadores de anuncios añaden otra capa de complejidad a la recolección de datos. Con el creciente uso de estas herramientas, un segmento significativo del tráfico web es efectivamente invisible para las herramientas analíticas tradicionales. Los bloqueadores de anuncios impiden que los scripts de seguimiento se ejecuten, lo que significa que las interacciones de estos usuarios no se registran. Esto resulta en una brecha en los datos, dificultando obtener una visión completa del comportamiento y compromiso del usuario.

Además, Google Analytics 4 (GA4) introduce otra capa de complejidad a través de su uso de muestreo de datos. A diferencia de su predecesor, GA4 a menudo se basa en datos muestreados, especialmente al tratar con grandes conjuntos de datos o informes personalizados. El muestreo puede llevar a aproximaciones que, aunque útiles, no siempre son completamente precisas. Esto introduce otra limitación a la precisión de los datos recolectados, enfatizando aún más la necesidad de ver el análisis web como una herramienta direccional en lugar de una fuente definitiva de la verdad.

Dado estos desarrollos, el análisis web ya no puede ser confiable para una visión completa y detallada de lo que sucede en los sitios web. En cambio, sirve como una herramienta direccional, proporcionando ideas y tendencias que pueden guiar las estrategias de marketing. Este papel similar a una brújula ayuda a los mercadólogos a comprender el comportamiento general del usuario, identificar tendencias amplias y tomar decisiones informadas basadas en los datos disponibles. Sin embargo, es crucial reconocer que estos datos están incompletos y deben ser interpretados con precaución.

En este nuevo entorno, la clave es adaptarse y encontrar nuevas formas de entender y comprometerse con las audiencias. Esto podría involucrar combinar el análisis web con otras fuentes de datos, como retroalimentación de usuarios, encuestas e investigaciones cualitativas, para llenar los vacíos y crear una visión más holística del comportamiento del usuario. Además, los mercadólogos deben ser ágiles y estar preparados para ajustar sus estrategias basándose en las ideas proporcionadas por su análisis similar a una brújula.

El cambio hacia la privacidad y el uso creciente de bloqueadores de anuncios, junto con las implicaciones del muestreo de datos en GA4, están remodelando el panorama del marketing digital. Aunque el análisis web sigue siendo una herramienta valiosa, su papel ha evolucionado. Ya no es la fuente definitiva de la verdad, sino una guía que ayuda a los mercadólogos a navegar las complejidades del comportamiento del usuario en una era de datos incompletos. Adoptar esta nueva perspectiva es esencial para adaptarse con éxito al cambiante panorama digital.

CONSENT MODE

2024 es un año crucial para los mercadólogos digitales, en gran parte debido a la decisión de Google Chrome de eliminar gradualmente las cookies de terceros. Este movimiento sigue los pasos de Safari y Firefox, que hicieron esta transición hace varios años. Sin embargo, el impacto es mucho mayor con Chrome, ya que controla aproximadamente el 60% del mercado global de navegadores web. A diferencia de sus predecesores, Chrome no elimina las cookies de terceros de manera abrupta. En su lugar, introduce nuevas API "amigables con la privacidad" diseñadas para reemplazar la funcionalidad de las cookies de terceros.

Como probablemente sabes, las cookies de terceros han sido fundamentales para el remarketing granular, permitiendo a los anunciantes crear perfiles de usuario detallados y dirigir anuncios personalizados a los visitantes. Sin embargo, esta práctica ha generado importantes preocupaciones de privacidad. Las nuevas API de Google tienen como objetivo establecer un ecosistema más amigable con la privacidad para el remarketing y la publicidad. Según Google, estas API funcionan de diversas maneras para lograr este objetivo.

Un aspecto clave del nuevo enfoque en Chrome es el marketing contextual. Este método dirige los anuncios a los usuarios según sus intereses como parte de grupos más grandes en lugar de hacerlo de forma individual. Este cambio del seguimiento individual al enfoque basado en grupos representa un cambio significativo en la forma en que opera el marketing digital.

La eliminación gradual de las cookies de terceros tiene implicaciones de gran alcance para los mercadólogos digitales y las empresas que deben adaptarse a estos cambios. Desde la perspectiva del Consent Mode v2, el enfoque está en ayudar a los propietarios de sitios web a optimizar sus campañas publicitarias y construir audiencias dentro del ecosistema de Google en este nuevo entorno sin cookies de terceros.

Entonces, ¿cómo funciona esto? Mientras el proceso aún está en evolución y Chrome está eliminando gradualmente las cookies de terceros e implementando las nuevas API, algunos detalles están surgiendo. Una de estas nuevas API, la API de Audiencia Protegida, se integra con funciones en Google Ads y GA4. Esta API puede determinar si un usuario pertenece a un "contexto" específico, como estar interesado en automóviles u otros temas. También facilita las conversiones, principalmente dentro de Google Ads, pero estas funciones también están disponibles en GA4, lo que te permite ver las conversiones sin cambiar de Google Ads.

Complementando estos desarrollos está el Consent Mode v2, que se alinea con el ecosistema centrado en la privacidad de Google. El Consent Mode v2 envía señales directamente a GA4 y Ads, asegurando que la recolección de datos esté acompañada de instrucciones basadas en el consentimiento del usuario para fines estadísticos o de marketing. Las dos nuevas banderas relacionadas con anuncios en el Consent Mode v2 guían a Google sobre a qué consiente el visitante, dictando lo que Google puede hacer con los datos dentro del ecosistema sin cookies de terceros de Chrome y en los informes dentro de GA4 y Ads.

Lanzado inicialmente en 2020, el Google Consent Mode permitía la recolección de datos en cumplimiento con las leyes de privacidad de datos de la UE (GDPR) para Google Analytics y Google Ads. La versión actualizada Google Consent Mode V2 se alinea con la Ley de Mercados Digitales, vigente desde marzo de 2024, introduciendo características mejoradas para apoyar aún más el cumplimiento.

Sin embargo, el Google Consent Mode no es un sustituto de una Plataforma de Gestión de Consentimiento (CMP) o un banner/widget de consentimiento de cookies. No gestiona el consentimiento del usuario ni garantiza el cumplimiento de cookies de manera independiente. En su lugar, funciona como una característica complementaria, trabajando junto a una CMP para asegurar que las etiquetas y scripts de Google respeten las preferencias de consentimiento de los usuarios.

El Consent Mode v2 es un componente crítico del nuevo enfoque centrado en la privacidad de Google. Asegura que los propietarios de sitios web puedan seguir optimizando sus campañas publicitarias y construir audiencias de manera efectiva, incluso cuando el panorama se aleja de las cookies de terceros. La naturaleza interconectada de estas herramientas dentro de Chrome, GA4 y Google Ads subraya la estrategia integrada que Google está empleando para navegar en esta nueva era del marketing digital.

El Google Consent Mode es una herramienta desarrollada por Google para comunicar las elecciones de consentimiento de cookies de los visitantes a las etiquetas de Google. Esta herramienta es esencial para medir el rendimiento de tus canales digitales y publicidad, mientras se adhieren a las regulaciones de privacidad. Al integrar el Consent Mode, Google también proporciona la capacidad de modelar el comportamiento de los usuarios que no otorgaron consentimiento, asegurando conocimientos de datos integrales.

La API del Google Consent Mode utiliza cuatro configuraciones de etiquetas para operar:

Analytics_storage: Pide consentimiento del usuario para el uso de datos en analytics.

Ad_storage: Pide consentimiento del usuario para el uso en publicidad

Ad_user_data (new): Pide consentimiento del usuario para el uso de su información personal para publícidal

Ad_personalization (new): Pide consentimiento del usuario para remarketing

Basado en la interacción del usuario con el banner de cookies, el estado del consentimiento es "otorgado" o "denegado". El método de implementación elegido—básico o avanzado—determina cómo se procesa y comunica esta información a las plataformas de Google.

En el método básico, todas las etiquetas están bloqueadas por reglas de activación en Google Tag Manager (GTM) y se activan solo cuando se otorga el consentimiento adecuado. Esto significa que no se comparte información con las plataformas de Google si no se aceptan las cookies, lo que resulta en la ausencia de pings sin cookies o de modelado de datos a partir de datos anonimizados.

El método avanzado elimina las reglas de activación en GTM, permitiendo que las etiquetas se activen y ajusten su comportamiento según el nivel de consentimiento para cada configuración de etiqueta. Cuando no se otorga el consentimiento, se utilizan pings sin cookies para modelar el comportamiento de los visitantes no consentidos y calcular las conversiones estimadas.

Si el Google Consent Mode no está activado, particularmente la versión actualizada V2, tu implementación carecerá de la funcionalidad necesaria para procesar datos para los nuevos parámetros (ad_user_data y ad_personalization). Sin el Consent Mode, no se enviarán datos a tus plataformas publicitarias de Google. Esto resulta en una disminución de la medición, los informes, la creación de audiencias y las capacidades de remarketing, llevando a campañas de marketing menos optimizadas.

Para asegurar una funcionalidad óptima y el cumplimiento, es crucial actualizar a Google Consent Mode V2, proporcionando la gama completa de funciones necesarias para el procesamiento integral de datos y el modelado del comportamiento del usuario.

GA4, EL INEVITABLE

En octubre de 2020, Google lanzó una nueva versión de su servicio de análisis web, Google Analytics 4 (GA4), que se ha convertido en la opción predeterminada para Google Analytics (GA). Este servicio recopila datos y analiza el tráfico web para millones de empresas, ayudándolas a monitorear los canales de marketing y medir los Indicadores Clave de Rendimiento (KPIs). GA4 introduce varias características que lo distinguen de su predecesor, Universal Analytics (UA), con el objetivo principal de analizar el comportamiento del usuario y rastrear su trayectoria hacia convertirse en clientes.

Una de las características destacadas de GA4 es su capacidad avanzada de modelado de datos, que aprovecha el modelado de comportamiento para llenar los vacíos dejados por UA. Esto es particularmente valioso ya que proporciona información sobre el comportamiento del usuario y el tráfico del sitio web sin depender de los hits de cada página. GA4 también cuenta con una interfaz de usuario (UI) renovada, diferente de UA, lo que la hace más amigable y eficiente.

GA4 está construido sobre la misma plataforma que el sistema "App + Web" lanzado por Google en 2019. Esta base permite a los mercadólogos rastrear a los usuarios de manera fluida en aplicaciones, software y sitios web, ofreciendo una vista holística de las interacciones del usuario. Este seguimiento entre plataformas es fundamental ya que permite a las empresas comprender cómo los usuarios hacen la transición entre diferentes plataformas, lo que históricamente ha sido un desafío.

El propósito principal de GA4, según Google, es ofrecer un enfoque de próxima generación para datos predictivos basados en IA, seguimiento centrado en la privacidad y medición entre plataformas. Sus modelos avanzados de aprendizaje automático (ML) pueden predecir el comportamiento del usuario y proporcionar información incluso cuando los métodos tradicionales de recolección de datos están limitados debido a preocupaciones de privacidad crecientes y regulaciones como el California Consumer Privacy Act (CCPA) y el General Data Protection Regulation (GDPR). Esto hace que GA4 sea particularmente útil en un entorno donde los visitantes del sitio web tienen más probabilidades de optar por no utilizar cookies y otros métodos de recolección de datos.

Una de las ventajas significativas de GA4 es su integración perfecta con las herramientas de Google, incluidas YouTube y Google Ads. Esta integración mejora la capacidad de rastrear y evaluar campañas publicitarias en YouTube, medir conversiones de visualización y analizar eventos del sitio web. La integración más profunda con Google Ads permite campañas más dirigidas y efectivas, asegurando que las ofertas sean relevantes y útiles para audiencias específicas, independientemente del dispositivo que estén utilizando.

Además, GA4 ofrece acceso gratuito a la función de Exportación a BigQuery, anteriormente disponible solo para usuarios pagos de UA. Esta función permite a los usuarios exportar datos al almacenamiento en la nube de BigQuery para un análisis más extenso, brindando una mayor flexibilidad y control sobre el manejo de datos.

Las capacidades de IA y procesamiento de lenguaje natural (NLP) de GA4 están entre sus mayores beneficios. Estas tecnologías permiten a los usuarios predecir las probabilidades de conversión y crear audiencias específicas para Google Ads. Los usuarios también pueden recibir notificaciones sobre tendencias de conversión y predecir el comportamiento del cliente, lo que permite estrategias de marketing e inversiones más informadas. Google planea continuar mejorando las capacidades predictivas de GA4, incluidas las previsiones como el ingreso promedio por usuario (ARPU), lo que ayudará aún más a las empresas a optimizar su retorno de inversión (ROI).

Una de las diferencias críticas entre GA4 y UA es cómo manejan los eventos y las sesiones. GA4 utiliza un enfoque basado en eventos para el análisis, estandarizando la recolección de datos en múltiples plataformas, lo que mejora la calidad de los datos y proporciona un informe unificado de los recorridos de los visitantes. Este enfoque contrasta con la dependencia de UA en las sesiones de visitantes, que incluyen varios tipos de hits como eventos, eCommerce, páginas e interacciones sociales. En GA4, cada interacción se trata como un evento, simplificando la estructura de datos y mejorando la precisión de los análisis.

La migración de UA a GA4 requiere comprender estas diferencias, especialmente en el manejo de eventos y definiciones de sesiones. Por ejemplo, los eventos de UA tienen una categoría, acción y etiqueta, mientras que GA4 no reconoce estos conceptos. En su lugar, cada hit en GA4 es un evento, lo que requiere una nueva estructura de eventos para la recolección de datos.

Además, las sesiones de GA4 se definen por el evento de inicio de sesión (session_start) y pueden terminar según el período entre eventos, lo que lleva a diferencias en cómo se cuentan los usuarios activos en comparación con UA.

Las capacidades de IA y ML de GA4 mejoran significativamente su poder analítico, lo que le permite predecir tendencias y proporcionar información útil. La función de seguimiento sin código permite a los usuarios rastrear eventos en tiempo real sin conocimientos de programación, lo que lo hace accesible a un público más amplio. Esta función, combinada con la capacidad de GA4 para rastrear interacciones de video, ofrece una vista integral del compromiso del usuario, incluidos los recuentos de visualización de video en tiempo real.

Google Analytics 4 representa una evolución significativa en el análisis web, ofreciendo capacidades avanzadas para el seguimiento entre plataformas, análisis predictivos y recolección de datos centrada en la privacidad. Su integración con otras herramientas de Google y el acceso gratuito a la Exportación a BigQuery lo convierten en una herramienta poderosa para empresas que buscan optimizar sus estrategias de marketing y mejorar su ROI.

A medida que las leyes de privacidad continúan evolucionando, las características adaptativas de GA4 garantizan que las empresas puedan seguir obteniendo información valiosa mientras respetan la privacidad del usuario.

DE DATA EN TIEMPO-REAL A DATA MEJORADA CON IA

La analítica predictiva impulsada por IA permite identificar tendencias y prever resultados futuros con una precisión notable. Esta capacidad avanzada es instrumental para tomar decisiones bien informadas, impactando en todo, desde el desarrollo de productos hasta las campañas de marketing. Al aprovechar algoritmos de aprendizaje automático, las nuevas soluciones de análisis web ofrecen métricas predictivas que ayudan a anticipar el comportamiento de los usuarios. Esta previsión permite ajustar tus estrategias de manera proactiva. Identificar patrones y correlaciones dentro de grandes cantidades de datos proporciona información procesable, asegurando que tus decisiones en áreas como el desarrollo de productos y la planificación de campañas de marketing sean impulsadas por datos y sean efectivas.

El análisis automatizado del comportamiento del usuario es un beneficio significativo de los algoritmos impulsados por IA, ya que pueden discernir patrones y anomalías en tiempo real. Esta automatización elimina la necesidad de interpretación manual de datos, entregando información procesable de manera inmediata. Puedes comprender rápidamente las interacciones y preferencias de los usuarios sin tener que revisar extensos conjuntos de datos. Esta eficiencia se traduce en una mejor capacidad de respuesta y agilidad para optimizar tus estrategias.

La analítica predictiva, potenciada por IA, ofrece la capacidad de prever tendencias y anticipar el comportamiento futuro de los usuarios. Ya sea pronosticando fluctuaciones en el tráfico del sitio web o prediciendo posibles conversiones, esta capacidad te coloca por delante de la curva. Con estos conocimientos predictivos, puedes tomar decisiones informadas antes de que las tendencias se materialicen completamente, brindándote una ventaja estratégica en la planificación y ejecución.

La personalización dinámica es otra característica transformadora habilitada por la IA y el aprendizaje automático. Al analizar las preferencias individuales y los historiales de compromiso, herramientas como Pathmonk Accelerate pueden personalizar las recomendaciones de contenido para cada usuario. Esta personalización dinámica mejora el recorrido del usuario, aumentando significativamente la probabilidad de conversiones. Las experiencias personalizadas resuenan más con los usuarios, fomentando el compromiso y la lealtad.

La puntuación de leads mejorada por IA es crucial para identificar prospectos de alto valor de manera eficiente. Al asignar puntuaciones predictivas a los leads, los algoritmos de IA indican la probabilidad de que un visitante se convierta en un lead calificado. Este proceso automatizado simplifica la identificación de clientes potenciales, permitiéndote priorizar y personalizar tus esfuerzos de alcance de manera efectiva. Con la puntuación de leads mejorada por IA, puedes enfocar tus recursos en los leads más prometedores, optimizando tus esfuerzos de ventas y marketing para obtener mejores resultados.

La analítica predictiva impulsada por IA revoluciona la forma en que interpretas y actúas sobre los datos. Desde la automatización del análisis del comportamiento del usuario hasta la provisión de conocimientos predictivos y la habilitación de la personalización dinámica, estas herramientas avanzadas te permiten tomar decisiones estratégicas e informadas. La puntuación de leads mejorada por IA también agiliza tus procesos, asegurando que enfoques tus esfuerzos en los prospectos adecuados con precisión. Adoptar estas capacidades impulsadas por IA no solo mejora tu toma de decisiones, sino que también te posiciona para mantenerte a la vanguardia en un entorno cada vez más competitivo.

○ · ● · ○

INTRODUCCIÓN

La analítica web es un área que tiene como objetivo ayudarnos a entender el comportamiento de los usuarios en una página web o aplicación, midiendo todas aquellas interacciones en nuestro activo digital desde los múltiples dispositivos que se conecten.

En sus inicios, este campo de exploración se limitaba a la medición y registro en el log del número de "hits" en los servidores donde se aloja nuestro sitio; siendo "hits" aquellas marcas que deja el usuario cada vez que accede a una web. Con el tiempo evolucionó a pequeños plugins que los administradores web incluían en su web para contar y mostrar cuántos usuarios accedían a la misma. La llegada de Google Analytics democratizó este campo. Dicho otro modo; expandió y, en cierta forma, estandarizó lo que conocemos hoy como analítica web.

A medida que el sector ha continuado madurando, ha evolucionado y cambiado; tanto en la forma de medir como en el foco por parte de los analistas. Se han ido aumentando no solo los dispositivos sino también los canales medidos. El ejemplo más común, en dispositivos, es la medición de las aplicaciones móviles y las nuevas métricas acordes al nuevo entorno como, por ejemplo, descargas o versión de la aplicación. En cuanto a canales, las herramientas de analítica web han avanzado hasta el punto de no solo importar datos de campañas y entornos offline, sino también de detectar usuarios en estos entornos offline, en tiempo real. Se añade así una dimensión más a todo el análisis de comportamiento del usuario, ya no exclusivamente relegado a la página web sino con un enfoque omnicanal. Un ejemplo sobre esta tipología, lo encontramos en el tratamiento de tecnologías como los beacons.

A su vez, la madurez del sector se palpa en el cambio de paradigma desde una visión reduccionista limitada a medir páginas vistas y cuantas más mejor, a una visión de negocio centrada en el usuario donde lo importante no es el volumen, sino el rendimiento en base a los objetivos marcados para nuestra página web o aplicación. De este modo, no importa tanto el número de páginas vistas si el objetivo de nuestra página es capturar registros. Este cambio de paradigma es homólogo al ocurrido en la gestión de campañas de marketing online, donde se ha pasado de una medición basada en impresiones –heredada de métricas históricas de otros canales como los GRP en las campañas de televisión– a una medición basada en el rendimiento y captura al detalle de la consecución de los objetivos medidos.

La analítica web continuará madurando y aparecerán nuevas métricas y dimensiones, a la par que cada vez incluyamos más dispositivos en la ecuación. Ocurre actualmente, con la aparición de dispositivos como los relojes inteligentes, que requieren de aplicaciones específicas y, de acuerdo con la tipología del dispositivo, vienen acompañados de métricas acorde al canal. Y ocurrirá en el futuro, cuando aterricen nuevos dispositivos tales como aquellos relacionados a gafas de realidad virtual y realidad aumentada, y las aplicaciones alrededor de dichos dispositivos.

La analítica web se relaciona íntimamente con un mindset y cultura donde el dato es impulsor del cambio. Acostumbrados, y en parte viciados, a tomar algunas decisiones en base a estudios demasiado genéricos –sentido común y, en el mejor de los casos, pequeños focus group o encuestas–, la analítica web rompe esta dinámica cuantificando todas las observaciones. Con la capacidad virtualmente ilimitada de medir absolutamente cualquier comportamiento que ocurre en nuestra web, el valor añadido no consiste en medir por medir y medirlo todo, sino en extraer aquello relevante para ayudarnos a la toma de decisiones.

HERRAMIENTAS DE ANALÍTICA WEB

En el módulo de este curso nos centramos en las llamadas herramientas censales y, en concreto, Google Analytics. De igual modo, los aprendizajes y la mecánica de esta herramienta son extrapolables a cualquier otra solución del mercado. Aun así, veamos de qué otro tipo de herramientas disponemos y sus ventajas y desventajas correspondientes.

HERRAMIENTAS DE LAS PLATAFORMAS PUBLICITARIAS

Para aquellos roles responsables de distribuir la inversión de marketing en campañas online, la analítica web y, por tanto, el uso de las herramientas a su disposición, comienza desde los informes que se extraen de las plataformas publicitarias. Es decir, para una campaña de anuncios en Google, dispondremos de los reportes de Google AdWords, su homólogo en Facebook llamado Business Manager, etcétera.

A través de estas herramientas tendremos visibilidad del funcionamiento de la campaña y de información principalmente externa a nuestra página. Obtendremos desde la información básica de cuánta gente vio o clicó en nuestro anuncio, hasta información más cualitativa sobre el perfil de estos usuarios o elementos particulares de cada plataforma. Por ejemplo, en el caso de AdWords, la puntuación de que dota Google a nuestro anuncio, o la cobertura de nuestros anuncios respecto al volumen total de búsquedas de los usuarios, es particular del sistema publicitario de Google.

Más allá de lo útil que nos resulte esta información para aquellos que se dediquen a optimizar campañas online, independientemente del rol que tengamos; esta información nos será de utilidad para validar los datos que recojamos desde nuestra herramienta de analítica. Es decir, más adelante veremos cómo conocer la cantidad de usuarios que nos vienen desde diversas fuentes de tráfico. Si con Google Analytics recogemos que 100 usuarios provienen de una campaña en buscadores, pero en la plataforma publicitaria nos indica una cantidad de 400, habremos detectado un error en cómo medimos la campaña y deberemos investigar dónde está el problema.

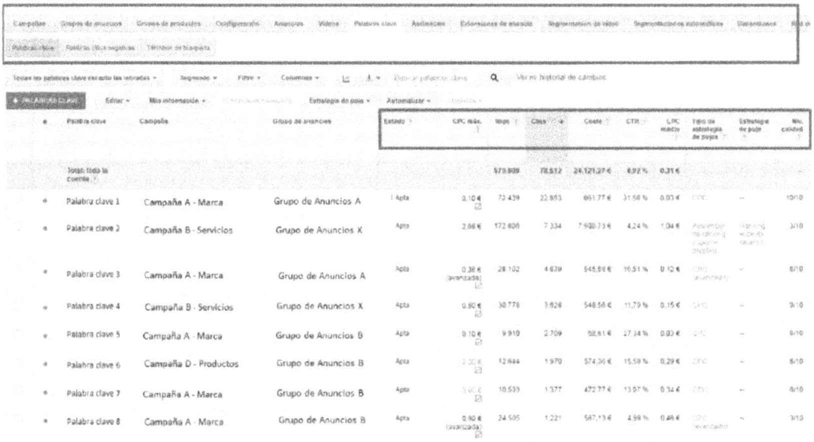

Ilustración 1. Panel de control de AdWords.

HERRAMIENTAS CON PANELISTAS

Las soluciones basadas en panelistas son aquellas que reúnen información de una selección de usuarios. Estos usuarios instalan un programa en el dispositivo, sea ordenador, portátil o teléfono móvil, que monitorizará toda su navegación. El símil offline es la clásica medición de audiencias de los programas de TV.

Obviamente, el gran peligro de este tipo de herramientas es el posible sesgo en la captura de datos. Es por ello por lo que las empresas que ofrecen este tipo de soluciones como Netquest, con su herramienta Netrics, tienen como mayor activo la representatividad de sus panelistas. Cuanto mayor sea el panel en volumen y en distribución respecto a aspectos sociodemográficos tales como edad, género o ingresos medios, entre otros, más representativo será respecto a la población y, por tanto, más fiable en la información capturada.

Con este tipo de herramientas tenemos la misma información sobre nuestro sitio como de la competencia. Por tanto, y dado que el método de medición es el mismo para ambos, es ideal para realizar estudios y comparativas de mercado o buscar potenciales acuerdos con páginas afines. Otro tipo de análisis del que disponemos, con herramientas basadas en panelistas, es el de cálculos de solapamiento de audiencias. Es decir, cálculos de cuánta audiencia en común existe entre diferentes páginas webs o aplicaciones.

Este tipo de información será de vital de importancia para medirnos respecto a nuestros competidores y conseguir información cualitativa de mercado.

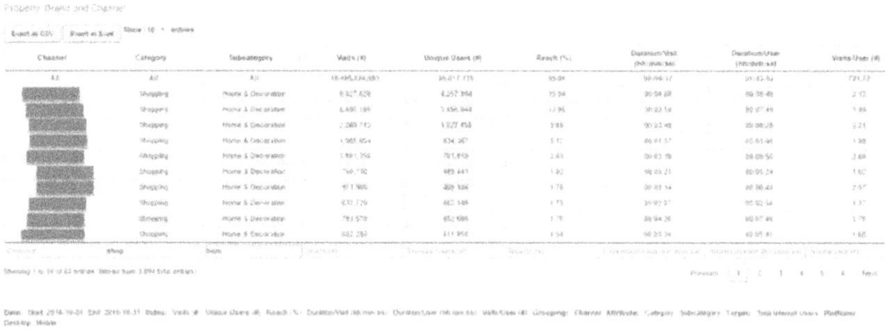

Ilustración 2. Informe de Netrics, herramienta panelista de Netquest.

Aun así, la profundidad del comportamiento del usuario en el activo digital que recolectamos es superficial, comparada con herramientas censales como Google Analytics.

Estaremos ciegos en el momento de realizar análisis detallados sobre procesos de compra o, por ejemplo, trazabilidad de nuestras campañas. Además las métricas disponibles; tales como número de usuarios, páginas vistas y tiempos medios, son extrapoladas estadísticamente de los panelistas y no sobre la realidad de los accesos de los usuarios a dichas páginas.

HERRAMIENTAS CENSALES

Las soluciones censales consisten en marcar a todos los visitantes en nuestro activo digital y medir cualquier actividad que realicen dentro del mismo. El funcionamiento consiste en incluir unas líneas de código en cada una de nuestras páginas para capturar y realizar el seguimiento del usuario a través de las cookies generadas.

A diferencia de las herramientas con panelistas, con la instalación de un programa por parte del usuario –al incluir el código directamente en nuestras páginas– obtenemos mayor calidad de información de todo el comportamiento del usuario. Además, mediremos a todos los usuarios que accedan a nuestra web o aplicación, por lo que las métricas no se supeditarán a cálculos estadísticos sino a la actividad real producida.

La mayor ventaja consiste en la calidad de datos del usuario capturados, permitiendo un análisis con mayor profundidad, virtualmente en cada área de análisis. Dispondremos de mejor visibilidad sobre la audiencia de nuestro sitio y sus fuentes de tráfico, del comportamiento dentro de cada página o, si disponemos de un eCommerce, de toda aquella información relacionada con la venta de nuestros productos.

La desventaja de no conocer a nuestros competidores o de compararnos con ellos, la cubriremos con soluciones de panelistas u otro tipo de estudios puntuales.

Es importante que incluyamos el código en todas las páginas, no solo en aquellas que, a priori, sean las que queramos analizar. Podemos pensar que medir las páginas de "Aviso Legal" o "Política de privacidad" carece de importancia, pero no incluyéndolas en el análisis quizá obviemos puntos de fuga o nos generen problemas a la hora de determinar el flujo y la navegación de un usuario en nuestra página. Otro claro ejemplo puede ser la página de "Contacta". Quizá pensamos, erróneamente, que no nos interesa medirla, o nos olvidamos de ello ya que el objetivo de nuestra página es pura venta y no tenemos tiendas físicas. No hacerlo puede impedirnos descubrir el porcentaje de usuarios que entran en nuestra web con motivo de realizar una consulta o una reclamación; es decir, podemos quedarnos sin descubrir el motivo principal por el que acceden algunos usuarios a nuestra web. Además, el objetivo de nuestra web puede cambiar con el tiempo y pasar, por ejemplo, de un objetivo puramente de reconocimiento de marca a otro de generación de contactos.

Las soluciones censales son las herramientas más comunes en el día a día de un analista web. Son aquellas que permiten sacar mayor conocimiento sobre el usuario o detectar problemas con la página web o la aplicación.

HERRAMIENTAS HÍBRIDAS

Finalmente, tenemos aquellas herramientas híbridas; es decir, las que ofrecen información capturada principalmente de una base de panelistas y la ajustan con datos recogidos censalmente. De todos modos, pecan de las mismas desventajas que las soluciones basadas en panel en cuanto a métricas recogidas y profundidad de análisis de datos.

Dado que algunas métricas pueden ser más volátiles soportándose exclusivamente en los datos de los panelistas, esta variante de herramientas de panelistas, ajusta dichas métricas con información censal.

MÉTRICAS, DIMENSIONES Y SEGMENTACIONES

Por definición, las dimensiones y las métricas aun pudiendo funcionar de forma independiente, resultan de más provecho utilizándolas de forma conjunta. Los valores de las dimensiones y métricas, así como las relaciones entre dichos valores, dotan de significado a los datos. De hecho, es la dimensión la que provee de contexto a una métrica, que por ella misma carecería de significado.

Por ejemplo, la métrica "sesiones" no tiene significado en sí misma y solo adquiere significado cuando la cruzamos con una dimensión tal como "ciudad" o "fuente de tráfico", conociendo así cuántas sesiones recogemos por ciudad o fuente de tráfico.

Para obtener el máximo de detalle en un análisis, es frecuente asociar una dimensión principal e incluso otra secundaria a una o varias métricas.

Ilustración 3. Ejemplo de cruce entre una métrica (sesiones) y una dimensión (país).

MÉTRICAS

Las métricas son elementos individuales de una dimensión que se miden como una suma o como una proporción. Es decir, es un número utilizado para cuantificar una de las características de una dimensión.

Por ejemplo, la dimensión "ciudad" se puede asociar a una métrica como "usuarios", que tendría un valor de suma de todos los residentes de una ciudad específica.

Otras métricas básicas de Google Analytics son "páginas vistas", "página por visita" y "duración media de la visita". Dado que una dimensión tiene una o más características, podemos aplicar todas estas métricas a la vez para una misma dimensión. En el ejemplo anterior, para la dimensión "ciudad", podríamos ver todas las características o métricas, como por ejemplo: sesiones, porcentaje de sesiones nuevas, nuevos usuarios, duración media de sesión, páginas por sesión, etcétera.

Google Analytics separa las métricas en tres grandes categorías: adquisición (cómo llegan los usuarios a tu página web o aplicación); comportamiento (cómo interactúan los usuarios dentro de la web); y conversiones (cuántos usuarios completan objetivos y conversiones en tu activo digital).

PRINCIPALES MÉTRICAS

A continuación definiremos las métricas más comunes de Google Analytics y sus principales características.

Visitas: una visita o sesión es el elemento que engloba las acciones del usuario en tu sitio web o app. Reiteremos que, aunque el volumen es importante, debemos contextualizar y analizar la calidad de estas.

Visitantes únicos: es lo más parecido a la medición de "personas". Un "visitante único" puede realizar una o diversas visitas a una página web. Por ejemplo, si una persona (un visitante único) accede a nuestra web a las 9hs. genera una visita y si se conecta de nuevo, con el mismo dispositivo, a las 14hs. supondrá otra visita, pero siempre será el mismo visitante único. Si cambiase de dispositivo, contaría como dos visitantes únicos ya que la monitorización de Google Analytics se realiza a través de cookies. Igual ocurre si utiliza dos navegadores en el mismo equipo.

Páginas vistas: se contabiliza una página vista por cada página cargada por el visitante en nuestro sitio, sean diferentes o no.

Por tanto, siguiendo el flujo contado, un usuario generará como mínimo, una visita y una página vista. Puede haber más visitas y páginas vistas que usuarios únicos; ya que son recurrentes y navegan por nuestro sitio; pero no puede haber más usuarios únicos que visitas o páginas vistas; eso indicaría una mala configuración de Google Analytics.

Páginas vistas únicas: son aquellas páginas diferentes que visita un usuario en una visita. Es decir, si un usuario visita la página del producto A, luego la del producto B y retrocede al producto A, Google Analytics contabiliza dos páginas vista únicas y tres páginas vistas.

Este tipo de métrica nos ayuda a detectar páginas con un punto de tensión o de mucho engaging para el usuario, a las que accede más de una vez. En el caso de que nuestra web tenga como objetivo la venta de espacios publicitarios, nos permite analizar el alcance de la publicidad entre los visitantes.

Páginas / visitas es simplemente la división entre las métricas ya explicadas: páginas vistas entre visitas totales. Este KPI (Key Performance Indicators) indica la profundidad de la visita. Mejor explicado; muestra el interés de un visitante dentro de nuestro sitio ya que podríamos deducir que a mayor ratio de páginas vistas por visita, mayor interés en nuestra página. Asimismo, debemos contextualizar este KPI dado que para una página de "Preguntas Frecuentes", quizá un menor ratio de páginas vistas por visita sea un éxito ya que el usuario encuentra lo que necesita en una o dos páginas.

Duración de la visita: está métrica registra el tiempo que el usuario permanece en nuestro sitio. Google Analytics calcula el tiempo en una página, restando dos puntos: página inicial y página siguiente. Por tanto, si un usuario solo visita una URL, Google Analytics no será capaz de calcular la duración de esa visita.

Porcentaje de rebote: se define como visita rebotada aquella que carga una página en concreto y no realiza ninguna otra acción (no visualiza más páginas). Por norma general, la tasa de rebote es un indicativo de que el usuario no está interesado en el contenido de esa página o de que le resulta confuso. Es la primera métrica que consultaremos y de las más útiles a la hora de optimizar una página de destino de campaña. También es cierto que para páginas de contenido como artículos o posts en un blog, una alta tasa de rebote no tiene porqué ser un mal indicativo si el usuario lee el contenido. Para ello, es recomendable medir el scroll de los usuarios en una página a través de eventos. De esta forma, capturamos más información sobre el comportamiento de un usuario en página conociendo qué porcentaje consume del contenido en una URL.

Nuevo visitante: esta métrica es un desglose de una anterior ya definida; visitante. Con "Nuevo visitante" además, observaremos cuántos de ellos nos visitaron por primera vez en el sitio. Google Analytics es capaz de hacer esta distinción dado que marca a los usuarios con diferentes cookies, cada una de ellas con un año de duración. De esta forma es capaz de discernir entre visitante, visita, visita nueva o visita recurrente, entre otras.

Visitante recurrente: complementaria a la anterior métrica, son aquellos visitantes que accedieron previamente a nuestro sitio. La relación y el análisis entre ambas métricas (nuevos vs. visitantes) nos aportarán valor en cuanto a los puntos fuertes o estrategia detrás del sitio. Un porcentaje alto de recurrentes respecto a nuevos, indicará una buena fidelización de usuarios donde, quizá, deberíamos plantearnos nuestra estrategia actual en SEO o plantearnos alguna campaña de tráfico pagado. Al contrario, un porcentaje bajo de visitantes recurrentes, significaría que atraemos mucho tráfico a través de nuestras campañas o de SEO, sin retenerlos posteriormente.

A medida que analicemos todas las métricas y tengamos una perspectiva global, tendremos una visión más exacta acerca de si nuestras primeras conclusiones son ciertas. Por ejemplo, si vemos una tasa alta de rebote, a la vez que un tiempo promedio bajo de visitas y un porcentaje significativamente mayor de visitas nuevas que recurrentes, concluiremos finalmente que la página en cuestión no fideliza a los usuarios captados. Es por tanto el análisis de todas las métricas y no una en concreto la que nos aporta esta perspectiva holística.

DIMENSIONES

Una dimensión es un atributo descriptivo de un objeto, al que se asignan diferentes valores. Por ejemplo, digamos que un visitante tiene entre 35-44 años y se conecta desde Madrid. Asumamos a su vez que visitó nuestra página web desde un navegador Chrome instalado en su móvil Android.

Género – Masculino

Edad – 35-44

Ciudad – Madrid

Navegador – Chrome

Dispositivo – Móvil

Sistema Operativo – Android

En este caso, género, edad, ciudad, navegador, dispositivo y sistema operativo son dimensiones de Google Analytics porque son características del usuario. Serán valores de esas características: masculino, 35-44, Madrid, Chrome, móvil y Android.

Encontraremos las dimensiones de Google Analytics en todos los informes de la herramienta, aunque es posible que no todas las dimensiones aparezcan en todos los reportes. Además, también podremos cruzar más de una dimensión para desglosar de forma más detallada la información reportada. De esta forma conseguiremos organizar, segmentar y recabar conocimientos más profundos de los informes predeterminados.

Google Analytics nos ofrece a la vez trabajar con dimensiones personalizadas, adaptándonos así a necesidades propias de cada negocio. Un claro ejemplo de una dimensión personalizada sería la de "usuario identificado", con valores tales como "identificado" y "anónimo". En este caso, si personalizamos Google Analytics para capturar esta dimensión, seremos capaces de analizar el comportamiento dentro de nuestro sitio de esos dos segmentos de usuarios. También podríamos identificar la categoría o el sector de nuestros usuarios a través de una dimensión personalizada. En el caso de una web B2B, sería interesante desglosar el comportamiento de sus usuarios en base al sector al que pertenecen. Por tanto, tendríamos la dimensión "sector" y, como valores, "restauración", "hoteles", etcétera.

A la hora de determinar si crear o no una dimensión personalizada (customized) debemos reflexionar sobre si se trata de un atributo o característica de nuestros usuarios a la que podamos asignar valores. Si podemos combinar posteriormente dichas características con las métricas vistas anteriormente, entonces estamos ante una nueva dimensión factible.

SEGMENTACIONES

Los segmentos en Google Analytics no son más que un subconjunto de los datos recogidos. Los segmentos pueden ser simplemente una acotación de una dimensión, la combinación de valores entre distintas dimensiones o la combinación a su vez con diferentes métricas. Por ejemplo, podríamos crear un segmento entre todos los usuarios que se conectan a través de un dispositivo en concreto, mostrando solo aquellos que se conecten a través del móvil. De esta forma, filtraríamos cualquier análisis de Google Analytics enfocando a estos usuarios. Otro subconjunto sería el de aquellos que se conectan desde el móvil y su edad está entre los 15 y 24 años. Finalmente, podríamos añadir, como otra característica más de este segmento, a aquellos que solo realizaron alguna transacción dentro de nuestra aplicación.

Con los segmentos aislamos y analizamos esos subconjuntos de datos, extrayendo tendencias dentro de nuestro sitio.

Google Analytics dispone de segmentos predeterminados tales como "tráfico de pago" o "visitas con conversiones", a la vez que permite crear segmentos propios cruzando, virtualmente, cualquier dimensión y métrica recogida en la herramienta.

Un segmento no predefinido por Google Analytics pero interesante de analizar, si disponemos de un e-commerce es el llamado "peces gordos". Con este segmento detectamos aquellos clientes cuyas compras superan muy por encima la media de nuestra web. Obviamente, el importe de la cesta media variará para cada e-commerce, según los productos y la tipología de usuarios que tengamos. Analizar este tipo de usuarios nos puede llevar a recabar información muy interesante para mejorar su posterior retención y recurrencia de compra; así como detectar aquellos aspectos únicos del perfil de estos usuarios que provocan este gasto inusual y así mejorar nuestro target en nuestras campañas de pago, o replicar determinados comportamientos en el resto de los clientes.

El segmento anterior de "peces gordos" se puede replicar en sitios que no sean de venta, cambiando el importe de la cesta media por determinadas acciones que identifiquen a usuarios valiosos. Es decir, podríamos crear un subconjunto de visitantes muy fans de nuestro sitio si acotamos aquellos que comparten mucho de nuestro contenido, tienen un tiempo de visita y un ratio de páginas por sesión muy superior al de la media.

Ilustración 4. Configuración del segmento avanzado "peces gordos"

Otro segmento que no encontramos en la galería proporcionada por Google Analytics es el de abandonos de checkout según la fuente de tráfico. Si bien es cierto que es muy común y básico analizar el ratio de conversión por fuente y medio de tráfico, el mismo análisis –pero en lugar de conversiones, midiendo abandonos de carrito– nos proporcionará otro tipo de información muy interesante. Quizá aquellos usuarios que venían de una campaña de SEM a través de una página de destino especialmente diseñada y con la información clara en cuanto a los gastos de envío, tienen un porcentaje más bajo de abandono que aquellos que vienen de otro canal donde esta información no queda clara a lo largo del proceso de compra.

CANALES Y TRACKING

CANALES

La sección de "Adquisición" lista todas aquellas fuentes de tráfico y las agrupa según diversas dimensiones como por ejemplo: fuente, medio y campaña. De esta forma, podremos realizar comparaciones entre los resultados de distintas campañas con un nivel de detalle tan amplio como deseemos para comprobar el rendimiento de cada canal. Para ello deberemos asegurarnos de que todas nuestras campañas se parametricen correctamente de forma que en Google Analytics distingamos las diferentes campañas.

Google Analytics muestra de forma predeterminada una agrupación de canales de tráfico basada en reglas de las fuentes de tráfico más habituales, como la búsqueda de pago y directa. A continuación veremos cada una de ellas y lo que representa.

Canal	Descripción
Display	Agrupa aquellos canales cuyo formato publicitario son banners. Incluye también aquellas redes de distribución de anuncios relacionadas con contenido.
Paid Search	Tráfico generado desde motores de búsqueda como Google o Bing procedente de campañas publicitarias.

Other Advertising	Todas aquellas fuentes restantes etiquetadas como campañas publicitarias que no son publicidad en buscadores o display. En este apartado encontramos usualmente redes de afiliación y acuerdos con otros sitios.
Organic Search	Tráfico generado desde motores de búsqueda como Google o Bing procedente de resultados orgánicos (gratuitos).
Social Network	Agrupa aquellas fuentes detectadas como redes sociales que no estén etiquetadas como anuncios.
Referral	Tráfico procedente de sitios web que no son redes sociales. Usualmente blogs, foros y similares.
Email	Tráfico procedente de campañas de emailing.
Direct	Muestra el tráfico de aquellos usuarios que escribieron la URL del sitio web en el navegador o que llegaron al sitio a través de un marcador como el de "Favoritos" dentro de un navegador.

TRACKING

Seguramente queramos analizar con más detalle el tráfico procedente de nuestros canales de adquisición de usuarios. Es decir, no solo conocer el tráfico proveniente de Facebook sino también de un post en concreto. O, por ejemplo, ver además los datos de una newsletter enviada desglosando cada uno de los Call-To-Actions del mail con tal de conocer cuál de ellos generó más tráfico, rendimiento de ventas y otros valores.

Para ello, tan solo debemos parametrizar las URLs de los enlaces de cada campaña añadiendo unos parámetros específicos para Google Analytics, llamados UTM.

Veamos un ejemplo de campaña parametrizada.

Ejemplo URL de campaña: http://mi-ejemplo.com/descargar-libro?utm_source=CNN&utm_medium=display&utm_campaign=libro-lanzamiento

Cuando vayamos a Google Analytics, encontraremos la información referente a esta campaña dentro de los apartados Fuente: CNN; Medio: Display; o si lo buscamos por Campaña: libro-lanzamiento.

Google nos ayuda a la hora de crear estas URLs parametrizadas con un constructor de URLs. En el constructor, rellenaremos cada uno de los apartados y Google nos creará la URL final.

Podemos acceder al constructor de URLs de Google en el siguiente enlace: creador de URLs donde encontraremos la siguiente pantalla:

Enter the website URL and campaign information

Fill out the required fields (marked with *) in the form below, and once complete the full campaign URL will be generated for you. Note: the generated URL is automatically updated as you make changes.

* Website URL

The full website URL (e.g. https://www.example.com)

* Campaign Source

The referrer (e.g. google , newsletter)

Campaign Medium

Marketing medium (e.g. cpc , banner , email)

Campaign Name

Product, promo code, or slogan (e.g. spring_sale)

Campaign Term

Identify the paid keywords

Campaign Content

Use to differentiate ads

Ilustración 5. URL Campaign Builder de Google.

Como vemos, los parámetros a rellenar son:

Fuente (utm_source): es un parámetro requerido para identificar la fuente de nuestro tráfico. Por ejemplo: Newsletter, Motor de Búsqueda y otros.

Medio (utm_medium): parámetro obligatorio donde identificaremos el medio del enlace. Ejemplos: cpc, ppc o email.

Campaña (utm_campaign): parámetro obligatorio que identifica una campaña específica. Ejemplo: navidad-2017, rebajas, lanzamiento-producto-A.

Término y Contenido, respectivamente (utm_term) y (utm_content) son dos parámetros opcionales que usaremos para identificar palabras clave concretas (utm_term) o diferentes versiones de un test A/B que realizamos entre creatividades (utm_content). Del mismo modo, los dos parámetros opcionales, term y content, pueden ser utilizados como comodines. Así podremos utilizar, por ejemplo, el parámetro content para catalogar todos los formatos de nuestras creatividades y analizar posteriormente cuál de ellos rindió mejor.

Todos los parámetros son totalmente personalizabes, si bien es recomendable utilizar la guía propuesta por Google. De esta forma, se agruparan automáticamente según los canales predeterminados; teniendo así, por ejemplo, todas nuestras campañas de banners dentro del canal de display.

Siguiendo la misma tabla del punto anterior, nos aseguraremos de que parametrizamos nuestras campañas siguiendo la siguiente guía para conseguir esta agrupación automática.

Canal	Descripción
Display	Aquellas campañas marcadas como medio (utm_mediudm): "display" o "cpm".
Paid Search	Campañas marcadas con medio "cpc" o "ppc" proveniente de la red de búsqueda de AdWords u otros motores de búsqueda.
Other Advertising	Aquellas cuyas etiquetas de medium (utm_medium) son: "cpc", "ppc", "cpm", "cpv", "cpa", "cpp" o "affiliate", excluyendo la publicidad en buscadores.
Organic Search	Aquella fuente de tráfico cuyo medio (utm_medium) sea "organic". Normalmente, no parametrizaremos ninguna campaña como "organic" ya que Google Analytics es capaz de hacer esta distinción de forma automática.
Social Network	Google Analytics detecta más de 400 redes sociales. Si el dominio de donde procede el usuario es una de

estas y la URL de referencia no está etiquetada con ningún parámetro, se incluirá en este canal.

Referral   Tráfico de sitios web que no son redes sociales y no están parametrizados.

Email   Sesiones etiquetadas con el medio (utm_medium): "email".

Direct   Google marcará automáticamente estas sesiones con utm_source="(direct)" y medium="(not set)" o "(none)". Por tanto, evitaremos usar esta nomenclatura en nuestras campañas.

PRINCIPALES ANÁLISIS

AUDIENCIA

En el menú izquierdo de Google Analytics, el apartado de audiencia nos aporta datos e informes acerca del perfil de nuestros visitantes. ¿Desde dónde se conectan?, ¿qué sexo y edad tienen?, ¿cuáles son sus intereses?, ¿qué dispositivos utilizan?, ¿son usuarios nuevos o recurrentes?, ¿cuánto tiempo navegan en el sitio?

Esta información nos permite, además de conocer mejor cómo son nuestros usuarios, capturar información útil para la segmentación de nuestras campañas online.

DATOS DEMOGRÁFICOS (EDAD Y SEXO)

Para obtener esta información, habilitaremos previamente las "funciones para anunciantes" dentro de la herramienta. Una vez activadas, los informes demográficos nos aportan información de valor acerca de nuestros usuarios: desde conocer cuántos años tienen, cuáles tienden a "engancharse" más con nuestro contenido o con qué proporción de visitas de hombres y mujeres contamos.

Una ventaja de conocer la edad y el sexo de nuestra audiencia es la posibilidad de personalizar el contenido dentro de nuestra página. Además, si nuestra web contiene publicidad, podremos segmentar los anuncios mostrados aumentando la relevancia para nuestro público.

Intereses (Categorías afines, Segmentos sectoriales y Otras categorías)

En base a información que captura Google, Analytics muestra también aquellos intereses principales, sectores y categorías afines de nuestros usuarios.

Esta funcionalidad nos permite conocer mejor a nuestros usuarios de forma que podamos targetizar y optimizar mejor nuestras campañas.

INFORMACIÓN GEOGRÁFICA (IDIOMA Y UBICACIÓN)

Como su nombre indica, en este apartado encontramos la localización de nuestros visitantes, clasificada por país, región, ciudad, o continente.

El informe de ubicación nos permite detectar tendencias geográficas, como el aumento exponencial de pedidos de un producto en una localización o que no disponemos de cobertura en una zona por lo que deberíamos realizar una campaña de publicidad geolocalizada. También puede ayudarnos a detectar mejoras. Si observamos que los usuarios de un país en concreto no realizan ningún pedido, puede ser síntoma de algún punto de tensión con los gastos de envío, o el descubrimiento de un potencial mercado si es que actualmente no lo cubrimos con nuestro servicio.

La ubicación es importante a la hora de detectar oportunidades, como también lo es el idioma. Será la forma rápida de detectar qué idiomas utilizan los usuarios que acceden a nuestra web y plantearnos cuál de ellos priorizar para traducir y localizar nuestros contenidos.

TECNOLOGÍA (NAVEGADOR, SO Y RED)

Uno de los aspectos clave en cualquier desarrollo de una aplicación o una web es la optimización por dispositivo y su posterior testeo.

La optimización por dispositivo ha perdido un poco de relevancia con la llegada de aquellas webs o aplicaciones que utilizan diseños responsivos, aquellos que se adaptan a todo tipo de dimensiones de pantalla y dispositivos. Para sitios que no dispongan de un diseño responsivo, averiguar cuáles son los dispositivos, navegadores y versiones más utilizados de los usuarios, ayudará a la planificación del desarrollo. Igualmente, otras variables como la velocidad de conexión, son clave para todo tipo de sitios ya que pueden adaptar sus contenidos multimedia en función del tipo de conexión de sus usuarios.

Independientemente del diseño o del sistema de programación de cada web o app, un aspecto clave es el proceso de "quality assurance". Es decir, testar que todo funciona correctamente. La gran variedad de variables a testar: dimensión de la pantalla, navegador, sistema operativo, entre otros, limita nuestro tiempo y recursos a este proceso. Con este informe somos capaces de determinar cuáles son las configuraciones más habituales entre nuestros usuarios y asegurarnos de que éstas cumplan con nuestros estándares de calidad.

Como vemos en la siguiente imagen, el detalle que podemos obtener alcanza incluso la versión de navegador o dimensión de pantalla del navegador utilizado.

Sistema operativo	Versión del sistema operativo	Navegador	Versión de navegador	Resolución de pantalla	Sesiones ↓
1. Android	6.0.1	Chrome	54.0.2840.85	360x640	**66.484** (7,39 %)
2. Windows	10	Chrome	54.0.2840.99	1366x768	**28.858** (3,17 %)
3. Android	6.0	Chrome	54.0.2840.85	360x640	**28.296** (3,11 %)
4. iOS	10.1.1	Safari	10.0	375x667	**22.752** (2,50 %)
5. Android	5.1.1	Chrome	54.0.2840.85	360x640	**22.019** (2,42 %)
6. Windows	7	Chrome	54.0.2840.99	1366x768	**16.756** (1,84 %)
7. Android	6.0.1	Chrome	44.0.2403.133	360x640	**16.152** (1,77 %)
8. iOS	10.1.1	Safari	10.0	768x1024	**14.163** (1,56 %)
9. iOS	10.1.1	Safari	10.0	320x568	**13.972** (1,54 %)
10. Windows	7	Chrome	51.0.2704.63	1024x768	**13.912** (1,53 %)

Ilustración 6. Reporte de usuarios según su sistema operativo y navegador

En definitiva, es un análisis clave para adaptar nuestro sitio web y mejorar la experiencia del usuario, logrando una mayor retención o mejor conversión de usuarios.

ANÁLISIS DE GRUPO

El informe "Análisis de grupo" nos aporta una visión de cohorte, es decir, de un grupo de personas que comparten una característica o experiencia común dentro de un periodo de tiempo determinado. Así, conoceremos si este grupo aporta valor a nuestro negocio a largo plazo.

Un ejemplo muy sencillo es el análisis de todos los usuarios con la misma fecha de adquisición (febrero 2015) y cómo evolucionan sus compras en los siguientes períodos. Así podemos comparar este grupo con otro grupo de usuarios, que fueron adquiridos (atraídos a la web) el mes siguiente. Siguiendo el mismo ejemplo, podríamos definir la cohorte como los usuarios que realizaron su primera compra en rebajas, entre el 1 y el 30 de julio, pero el estudio de su comportamiento lo haríamos en los siguientes 6 meses. Durante esos 6 meses podríamos observar, por ejemplo, si esta cohorte realizó más compras después, con o sin descuento, cuánto tardaron en volver a comprar, si compraron el mismo tipo de productos, el importe medio de la cesta, etcétera.

La forma más sencilla de responder a estas cuestiones es comparar dicha cohorte con otros segmentos de tráfico y conocer si la cohorte analizada proporciona valor a largo plazo a nuestra empresa.

COMPARATIVAS

A pesar de ser una herramienta censal, Google Analytics, permite comparar determinadas métricas y dimensiones con empresas del mismo sector. Si aceptamos compartir anónimamente nuestros datos, tendremos acceso también a las medias del sector en el que hayamos configurado nuestro Google Analytics.

Aunque menos potente que las herramientas panelistas, ofrece un contexto y tendencias del sector que pueden ser de utilidad a la hora de realizar estudios de mercado.

OTROS INFORMES

Otros informes interesantes dentro del apartado de "Audiencia", son el de "usuarios activos" y aquellos referentes a la fidelidad del usuario en cuanto a si son visitantes nuevos o recurrentes, al igual que los informes de frecuencia y enganche. En estos, analizamos la frecuencia con que las personas nos visitan y su atracción. Si observamos que los usuarios recurrentes tienden a visitar menos nuestra web o aplicación, puede ser síntoma de que necesitamos renovar contenidos más a menudo.

Si personalizamos Google Analytics para recoger variables personalizadas sobre nuestros visitantes, encontraremos esta información en el informe: Personalizado ("Variables personalizadas" y "Definido por el usuario"). Con estas variables personalizadas podríamos identificar a nuestros usuarios por acciones durante un período determinado, en lugar de estar restringidos a las interacciones de una única sesión.

Si en lugar de analizar comportamientos globales queremos observar usuarios específicos y realizar un análisis más cualitativo, utilizaremos el informe "explorador de usuarios". Este informe aísla el comportamiento de cada usuario asociándole un ID de usuario único.

ADQUISICIÓN

En esta sección podremos analizar desde dónde adquirimos nuestros usuarios, es decir, el origen de nuestros usuarios según los canales y campañas. Estos informes son determinantes a la hora de analizar y optimizar aquellas campañas de marketing online que realizamos.

Visión General; Canales; Fuente y Medio; Campañas

En Visión General, Google Analytics nos da un primer vistazo sobre el top de canales que más nos generan tráfico en nuestra web o aplicación. A partir de ahí, tenemos varios informes homólogos que nos dan la misma información cambiando el punto de referencia. El informe de "Fuente y Medio" nos lista todas aquellas fuentes de tráfico independientemente del canal al que pertenecen y donde veremos más información sobre el comportamiento y las conversiones de estas fuentes que en la visión general. Si queremos un nivel de detalle más elevado, veremos la misma información desagregada por campaña en el informe "Campañas". Al contrario, si necesitamos ver el nivel superior, accederemos al informe "Canales". Igualmente, desde cualquiera de ellos podemos agregar y desagregar información añadiendo una dimensión secundaria al informe generado. Por ejemplo, en la siguiente imagen, partiendo del informe de canales, añadimos la dimensión secundaria "Fuente y Medio" para tener toda la información en un mismo reporte.

Recordemos que la clasificación entre canales, fuentes, medios y campañas vendrá dada por la configuración del tracking con los parámetros UTM en las URLs de nuestras campañas online.

GOOGLE ADS

Como su propio nombre indica, este informe nos proporciona toda la información referente a las campañas de AdWords que dirigen tráfico a nuestro activo digital. Estos informes no recogen toda la información que encontramos en la plataforma de AdWords para la optimización de campañas, sino aquellas dimensiones y métricas relacionadas con lo que ocurre en nuestro sitio. Es decir, no encontramos, por ejemplo, el Quality Score de nuestros anuncios pero sí el porcentaje de rebote de cada campaña o palabra clave.

MEDIOS SOCIALES

El informe "Medios Sociales" nos dará mayor detalle sobre la actividad social relacionada con nuestro sitio. No solo nos ofrecerá un desglose del tráfico o las conversiones provenientes de las diferentes redes sociales sino que además nos informará sobre la implicación de los usuarios con la medición de los botones sociales de "compartir" o "gustar".

SEARCH CONSOLE

Para analizar el rendimiento del tráfico de búsqueda orgánica utilizamos los informes de "Search Console". Dichos informes nos proporcionarán información relacionada sobre el número de veces que aparecen nuestras páginas en los resultados de búsqueda, así como la tasa de rebote de las páginas de destino de SEO. También podremos ver las cadenas de búsqueda que realizaron los usuarios, es decir, las palabras clave que utilizaron en los buscadores y la posición media en la página de resultados de Google para esas palabras de las páginas de nuestra web.

Debido a un cambio respecto al tratamiento de la privacidad de los usuarios, solo veremos las consultas de búsquedas para aquellos usuarios que no hayan iniciado su sesión en Google. De todos aquellos que se identificaron con su cuenta de Google no recogeremos el detalle de esta información quedando reflejada en la indefinida (not set).

COMPORTAMIENTO

La sección de "Comportamiento" nos aporta información sobre lo que hacen nuestras visitas cuando llegan a nuestra web o app y qué contenido es el que más éxito tiene.

Aquí el referente de información son las diferentes páginas de nuestra web o screens de nuestra app, donde veremos "páginas vistas" y "páginas vistas únicas", además de incluir el promedio de tiempo que el usuario pasa en cada una de estas.

Todas las páginas, Página de destino y Página de salida

El apartado "Todas las páginas", en forma de tabla y respecto a todas las páginas que contiene nuestra web, muestra el número de páginas vistas, el promedio de tiempo en cada página, páginas de entrada, porcentaje de rebote y porcentaje de salidas para cada una de ellas.

El análisis de "Páginas de destino" se centra en aquellas páginas a través de las cuales los usuarios accedieron a nuestra página web. Es decir, la página en la que aterrizaron la primera vez que visitaron nuestro sitio. Mientras que el informe de "Páginas de salida" muestra el número de veces por las que el usuario abandonó nuestra web. Es decir, la última página que visitó el usuario antes de marcharse.

EVENTOS

Los eventos en Google Analytics aportan una información vital sobre el comportamiento y las interacciones de los usuarios en nuestra web. Por ejemplo, veremos información sobre aquellas acciones como clics en determinados botones (descargar, leer más, registro), información adicional sobre la interacción con formularios o comportamientos avanzados. Por tanto, los eventos son una manera de realizar un seguimiento al detalle de determinadas acciones realizadas.

Virtualmente podemos etiquetar cualquier botón de nuestra página; desde los botones comunes de "Regístrate" o "Descargar" hasta cualquier link de sección. Además, también podremos registrar porcentajes de visualización de vídeos o de lectura de páginas. Es decir, sabremos si nuestros usuarios no solo dan a "Visualizar un vídeo" sino que veremos cuántos segundos de este visualizaron. Igual ocurre con el contenido de nuestra página si capturamos cuánto scroll hacen nuestros usuarios, conociendo así, la existencia de contenido que los visitantes nunca llegan a ver.

Centrándonos en los formularios, los mismos nos ayudarán a responder preguntas tales como: ¿hasta dónde rellenan un formulario los usuarios antes de salir? o ¿qué campos son los que generan más fricción en un formulario? Esto nos permitirá mejorar nuestros formularios cambiando aquellos campos confusos o simplificándolos si detectamos que el formulario es muy largo.

Ilustración 7. Visualización de campos de un formulario mediante eventos

La configuración de cada evento y su dificultad dependerá de la programación de nuestra web, si bien con la ayuda de Google Tag Manager este proceso no debería ser complicado. Tengamos en cuenta que a la hora de configurar y definir un evento deberemos informar de las siguientes variables: categoría, etiqueta, acción y valor. Es muy importante establecer una nomenclatura para "categoría", "etiqueta" y "acción" para organizar mejor los datos capturados. El concepto de "valor" es opcional y lo utilizaremos cuando queramos capturar valores como el mencionado porcentaje de scroll en una página.

BÚSQUEDAS EN EL SITIO

Búsqueda en el Sitio es un informe sobre el uso del buscador interno de nuestra web, si dispone de uno. Con este informe, entre otros aprendizajes, extraeremos aquellas palabras clave más buscadas, la cantidad de usuarios que han realizado una búsqueda, las páginas desde que las que realizaron una búsqueda o aquellas páginas de destino una vez realizada la búsqueda.

La información de "Búsqueda en el sitio" puede resultar valiosa a la hora de descubrir lo que realmente quieren encontrar nuestros usuarios una vez que llegan a nuestra página. De esta forma detectaremos aquellos productos que generaron mayor interés o aquellos que deberíamos destacar en nuestra parrilla de resultados, ya que la mayoría de los usuarios los están buscando. Si vemos, además, cruzándolo con las métricas de abandono de páginas, que buscan un producto y no lo encuentran, deberíamos plantearnos añadirlo a nuestro catálogo.

OBJETIVOS (CONVERSIONES Y MICROCONVERSIONES)

A través de los objetivos medimos de qué forma en nuestra web o aplicación ocurren determinadas acciones o se completa una actividad, llamada conversión, que definiremos según nos interese. Así, evaluaremos nuestro sitio y nuestras campañas de marketing en base a los objetivos de negocio marcados.

El objetivo más común, y esencial para sitios o apps que generen ingresos, son las compras realizadas. Para otros sitios, estos objetivos pueden ser formularios de contacto cumplimentados, formularios de registro, descarga de catálogos de productos o botones que muestran el teléfono de contacto, por mencionar varios. Si en cambio es una web de contenidos como un diario, uno de los objetivos puede ser que los usuarios pasen un determinado tiempo en el sitio, vean un número determinado de artículos o compartan dicho contenido en redes sociales.

Para un e-commerce, una conversión (o macroconversión) es, sencillamente, una venta o transacción. Las microconversiones serán todas aquellas actividades que los usuarios realizan frecuentemente antes de la compra. Por tanto, sería normal definir no solo un objetivo (venta) sino todos aquellos que consideremos relevantes.

Fijar determinados objetivos no solo nos permite focalizarnos en el objetivo principal –venta–, sino tener presentes todas aquellas acciones que contribuyen a la consecución de esa venta, para poder mejorar y optimizar también estas interacciones. Cuantificando esta situación, si la media de conversión a venta de un e-commerce ronda el 2%, nos olvidamos del 98% restante de actividades que ocurren en nuestra web y que fácilmente podrían incrementar ese 2%.

La microconversiones, a pesar de no ser transacciones, pueden tener una dimensión económica. Si en nuestro negocio valoramos un registro nuevo por una cuantía de 1€, a la hora de definir dicho objetivo, podemos introducir ese valor. De esta forma, cuantificaremos monetariamente la consecución de estas microconversiones, lo que nos ayudará al posterior análisis de campañas.

Las características de las microconversiones dependerán de nuestro negocio; siendo las más comunes algunas ya mencionadas anteriormente como la descarga de archivos del manual de instrucciones o del catálogo de productos, la descarga de una demo aplicada a software, nuevos registros o contactos conseguidos a través de un formulario. Otras, en cambio, las analizaremos más adelante en el apartado de e-commerce mejorado, donde se hace referencia a métricas tales como productos añadidos al carro de la compra. Finalmente, encontraremos otras como añadir productos a la lista de deseos o también visitas virtuales, o fotos visualizadas en el caso de una página dedicada a la reserva de habitaciones.

ANALÍTICA PARA E-COMMERCE

MÉTRICAS E INFORMES BÁSICOS

En el apartado de "Comercio electrónico", dentro de la sección "Conversiones", encontraremos aquellos informes que nos permiten analizar cualquier actividad e interacción alrededor de una compra en nuestra web o aplicación. Veremos toda la información referente a las transacciones realizadas, como el desglose de los ingresos obtenidos por tipología, los productos comprados o los días que transcurrieron desde que el usuario accedió al sitio y realizó la compra.

VISIÓN GENERAL

En la vista general veremos un resumen global sobre los ingresos generados por nuestro negocio online, así como el número de transacciones completadas y el valor medio de las mismas. Google Analytics entiende como transacciones completadas aquellas órdenes de compra que contienen uno o más productos, independientemente de quién realiza este proceso. Es decir, un mismo usuario que realice cuatro compras, contabilizará como cuatro transacciones. Por tanto, el valor medio del pedido será la media del total del valor de dichas transacciones, incluyendo todos los gastos correspondientes a dicha transacción. Es decir, ingresos por producto, gastos de envío, etcétera. Además, nos proporciona el porcentaje de conversiones de comercio electrónico. Este porcentaje se calcula entre las ventas y las sesiones totales. Es importante entender que en la contabilización de la base de sesiones no se trata de usuarios únicos sino de visitas.

RENDIMIENTO DEL PRODUCTO

En este informe veremos toda aquella información sobre los ingresos desde una visión de producto. Es decir, no solo veremos los ingresos que nos generó cada producto sino que veremos además cuántas cantidades de un producto se compraron, el precio medio o las compras únicas realizadas.

La métrica de "Cantidad" indica el total de veces que un producto se vendió en las transacciones, mientras que "Compras únicas" nos indica el número de veces que un producto formó parte de una transacción. Es decir, si observamos que vendimos 500 unidades de un producto ("Cantidad") repartido en 50 compras únicas, la cantidad media de un producto por transacción es de 10.

RENDIMIENTO DE LAS VENTAS

En este informe, el punto de referencia serán las transacciones de las cuales veremos desglosados el ingreso del pedido, los impuestos y gastos de envíos asociados a cada una, así como la cantidad de productos de cada pedido.

¿Qué ingresos se obtienen por transacción y cuántos productos se venden por transacción? Por ejemplo, si el número de productos por transacción es inferior al esperado, quizás le beneficie el hecho de ofrecer descuentos superiores o de eliminar los gastos de envío si el cliente realiza una compra por valor de una cantidad mínima.

OTROS INFORMES

Podremos analizar también el tiempo hasta la compra de nuestros visitantes. Es decir, el número de días que transcurren desde la primera visita hasta que realizan el pedido y el número de visitas que necesitaron. Este informe nos sirve tanto de input como de modelo de validación sobre el consumer journey de nuestros clientes. Es decir, si tenemos estudios sobre el proceso de compra de nuestros clientes entendiendo este proceso desde la consideración hasta la compra final, podemos validar y detectar si el comportamiento de nuestros usuarios se ajusta a este *consumer journey*.

Si, por ejemplo, observamos que nuestros usuarios requieren de más visitas a nuestro sitio o aplicación, puede ser síntoma de que no aportamos toda la información o seguridad necesaria al usuario para influenciarlo a su toma de decisión.

EMBUDOS DE CONVERSIÓN

A través de los embudos visualizamos los pasos que los usuarios llevan a cabo para completar una tarea, detectando aquellos puntos de fuga que generan mayor abandono. Esta tarea es fundamental a la hora de optimizar tareas secuenciales como cumplimentar el proceso de compra, realizar encuestas o registros con múltiples pasos.

Los embudos nos permiten ver cuánta gente inicia el proceso y cuántos lo abandonan tanto en el cómputo global de la tarea como lo que ocurre paso a paso. Así conseguiremos reducir los recorridos del cliente que son ineficaces o se han abandonado y detectar oportunidades. Por ejemplo, si observamos que en el paso 3 de un proceso de compra mucha gente abandona el proceso y se dirige a la página de preguntas frecuentes, nos da una pista de que los usuarios no encuentran la información que necesitan o no están seguros de algún aspecto a la hora de comprar. La actuación para mejorar y optimizar este paso dista mucho en cada caso; no es lo mismo que en lugar de abandonar el proceso para ir a la página de preguntas frecuentes, lo hagan para irse completamente del sitio o volver a la parrilla de resultados.

El uso más habitual de los embudos es el análisis de los distintos pasos en un proceso de compra. Establecido como objetivo la compra de un producto, diseñamos el embudo incluyendo todos los pasos que tenga nuestra web para completar el proceso de compra: carro, datos personales, método de pago, datos de envío y demás. Hemos de tener en cuenta que cuanto más acotado el embudo, mejor definido y mejores conclusiones observaremos. Es decir, quizá no tiene tanto sentido crear un embudo de conversión a venta desde la parrilla de resultados cuando muchos usuarios pueden acceder directamente al método de pago a través de una lista de deseos, o de la ficha de un producto. Una vez definido, analizaremos la tasa de abandono de cada paso o, como mencionamos anteriormente, a qué página fuera del embudo se dirigieron los usuarios.

Para analizar embudos disponemos de dos funcionalidades, conceptualmente muy similares, pero con diferencias bastantes sustanciales que debemos conocer para interpretar bien los datos obtenidos. Estas herramientas son "Gráfico del embudo de conversión" y "Flujo de objetivos".

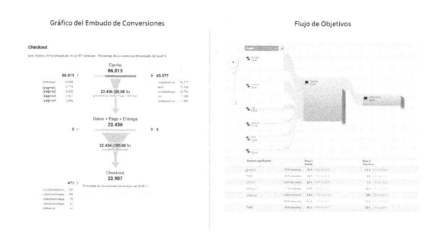

Ilustración 8. Visualización de "Gráfico del embudo de conversión" y "Flujo de objetivos".

En el "Gráfico del embudo de conversión" se muestra una sesión en cada paso del embudo de conversión, por lo que si un visitante pasa dos veces por el mismo paso (ya sea porque va hacia adelante o hacia atrás en el proceso para cerciorarse de algún punto o por un refresco de la página), esta segunda sesión se contabiliza como una salida a la página de dicho paso. En cambio, en el informe de "Flujo de objetivos" se muestran los retrocesos. Este dato es importante para observar fielmente cuáles son los puntos de tensión en cualquier embudo.

Con el informe "Gráfico del embudo de conversión" no se pueden utilizar los segmentos avanzados. Sí, en cambio, lo permite el informe "Flujo de objetivos". Aplicando los segmentos podemos conocer el comportamiento exacto en un embudo para perfiles muy distintos. Por ejemplo, si realizamos algún cambio en el proceso de pago, segmentando el embudo en el "Flujo de objetivos" según usuarios nuevos o recurrentes, observaremos si afectó indistintamente el cambio a ambas tipologías de usuarios.

Si un usuario, por el motivo que sea, se salta algún paso entre el de acceso al embudo y el paso de salida, en el informe "Gráfico del embudo de conversión" se rellenarán los pasos que el usuario se saltó. Es decir, dibujará ficticiamente pasos que el usuario no ha visualizado. Por ejemplo, en un proceso de pago definido en 5 pasos, si el usuario completa el paso 1 y pasa directamente al 3, en el "Gráfico del embudo de conversión" quedará reflejado que pasó por los pasos 1, 2 y 3. En cambio, en el informe "Flujo de objetivos" no se rellenan los pasos que el usuario efectivamente no visita.

Otra diferencia en relación con la definición y ruta del usuario dentro de un embudo es que en el informe de "Gráfico del embudo de conversión" el orden real en que se han visto los pasos no queda reflejado; sí, en cambio, en Flujo de objetivos. Por ejemplo, en el caso anterior de un proceso de pago de 5 pasos, si Analytics analiza cada sesión, comprueba si se visualiza un paso determinado y, a continuación, aumenta el paso en 1 en el informe "Gráfico del embudo de conversión".

Otro de los beneficios de los embudos de conversión es la posibilidad de crear audiencias de remarketing para impactar a usuarios que abandonaron el proceso en algún punto.

E-COMMERCE MEJORADO

Google Analytics, más allá de las métricas y dimensiones clave en cuanto a la conversión o venta como valor de la transacción, número y cantidad de productos y otros datos de ingresos por producto, aporta también otro tipo de informes relacionados con el comportamiento de compra de nuestros visitantes.

Las observaciones que consigamos a través de estos informes repercutirán en cómo gestionemos nuestro catálogo en su más amplio sentido.

PORCENTAJE COMPRA/DETALLE

Muestra el número de compras únicas divididas entre las vistas de las páginas de detalles del producto. Con este dato sabremos aquellos productos con una mayor tendencia a la compra tras consultar la página de detalles del producto.

Dependiendo del tipo de producto, esta métrica será más o menos sensible y adquirirá mayor relevancia. Por ejemplo, la elasticidad será más baja para productos de escaso valor, productos estándar o poco diferenciados. Es decir, para este tipo de productos quizá los usuarios no necesitan entrar a la ficha de estos para comprarlos posteriormente.

El diseño de nuestro e-commerce también juega un punto muy importante respecto a este punto. A través del diseño podemos influenciar y promover que los visitantes accedan a la ficha del producto o facilitarlo desde la parrilla de resultados. Obviamente, esta variable también afectará directamente a esta métrica.

Número de veces que el producto se ha agregado y retirado del carrito

Estas métricas muestran el número de veces que los compradores añaden y retiran productos a su carro de compra. Con este dato, sacaremos también aquellos productos o servicios con una mayor tasa de conversión a compra que otros.

Igual que ocurre con el resto de métricas, debemos entender antes las particularidades de nuestro e-commerce para analizar correctamente la información que estos informes nos proporcionen.

Por ejemplo, encontrar que un producto se añade muchas veces al carrito pero posteriormente no convierte a venta puede alzar distintas cuestiones. Si dicho producto es de bajo precio y nuestro e-commerce tiene gastos de envío para pedidos que no alcancen un determinado importe, quizá el problema no se encuentra inherentemente en el producto sino en las reglas de negocio impuestas.

Otro claro ejemplo es el de aquellos sitios de venta online con ofertas flash, es decir, aquellas con un tiempo limitado. Es posible que muchos de nuestros usuarios agreguen al carrito varios productos para finalmente, a la hora de realizar el paso final de compra, encontrarse con que esos productos están agotados.

NÚMERO DE PAGOS DE PRODUCTOS

Es una métrica muy similar a la anterior y nos muestra aquellos que se incluyeron en el proceso de pago. Con esta métrica analizamos aquellos productos que llegaron un paso más adelante en el proceso de compra.

Como ocurre con otras métricas, es más interesante el análisis a la inversa: aquellos productos que pasan al proceso de pago pero que acaban siendo pedidos abandonados. Las causas de este comportamiento dependerán, una vez más, de la tipología de los productos de nuestro e-commerce y del diseño de este. Por ejemplo, si en el proceso de pago descubrimos que uno de los productos añadidos acarrea un coste superior de gastos de envío, tendrá más probabilidades de desaparecer de la lista final de la compra. Lo mismo ocurre si en este paso recomendamos sustituir uno de los productos listados por otro similar con una oferta mejor.

OTROS INFORMES

Encontramos, también, otros informes como "Clics" y "Vistas de la promoción interna" que nos permiten seguir nuestras promociones internas y conocer aquellas más visitadas y aquellas que generaron más clics. Otro informe muy interesante, relacionado con otros departamentos de nuestra empresa, como "Calidad" y "Atención al cliente" es el de "Número de productos devueltos", que nos mostrará aquellos con una mayor tasa de devoluciones. Los informes respecto a los cupones, "Cupón de pedido" y "Cupón de producto", nos ayudarán a entender aquellos cupones más exitosos y en qué productos se redimieron. Igual ocurre con los "Códigos de afiliados", permitiéndonos ver qué webs de afiliados contribuyeron a las ventas.

MODELOS DE ATRIBUCIÓN

Un modelo de atribución determina la asignación del valor de las ventas y conversiones a los diferentes puntos de contacto en una ruta de conversión. Es decir, el modelo "Última interacción" asigna el 100% del valor de las ventas y conversiones a los últimos clics que preceden inmediatamente a dichas ventas o conversiones. Por el contrario, el modelo "Primera interacción" asignaría el 100% del valor a los puntos de contacto que inician las rutas de conversión, independientemente de la longitud de estas.

LISTADO DE MODELOS DE ATRIBUCIÓN

Google Analytics nos da la opción de escoger entre diferentes modelos de atribución predeterminados. Aunque normalmente trabajaremos con uno, es interesante comparar los resultados de varios modelos de atribución, en pro de no descartar canales de tráfico que a priori no convierten directamente pero contribuyen de forma clara a la consecución de las conversiones. Por ejemplo, si usualmente nos guiamos por un método de atribución de última interacción, primaremos canales de rendimiento y dejaremos de lado otros como display que contribuyen sobre todo en los primeros estadios de interacción con nuestros usuarios.

Escogeremos uno u otro dependiendo de las características de nuestras campañas online y de los objetivos de nuestro sitio o aplicación. Los modelos de atribución más comunes son:

Descripción

Modelo de atribución "Última interacción": en este modelo, el último punto de contacto, recibe el 100% del valor de la venta o conversión.

Modelo de atribución "Último clic indirecto": se ignora el último punto de contacto y todo el crédito de la venta se lo lleva el penúltimo canal en el que el cliente clicó antes de la conversión.

Modelo de atribución "Último clic de AdWords": el último clic de la campaña de buscadores de pago en AdWords recibiría el 100% del crédito de la venta, independientemente de en qué paso de la ruta de conversión se encuentre.

Modelo de atribución "Primera interacción": el primer punto de contacto recibe el 100% del crédito por la venta o conversión.

Modelo de atribución "Lineal": cada punto de contacto de la ruta de conversión comparte el mismo crédito.

Modelo de atribución "Deterioro del tiempo": los puntos de contacto más cercanos en el tiempo al momento de la conversión obtienen más crédito que los anteriores.

Modelo de atribución "Según la posición": asigna un 40% del crédito tanto a la interacción primera como a la última, y el 20% del crédito restante se distribuye linealmente entre las interacciones intermedias.

Dentro de los modelos de adquisición encontramos la métrica "Coste por adquisición" (CPA). Con ella, cruzamos los costes de las diferentes fuentes de tráfico con las ventas o conversiones conseguidas.

Esta métrica es esencial a la hora de analizar la rentabilidad de cada uno de las fuentes de tráfico que vendrá determinada, a su vez, por el modelo de atribución que escojamos.

BIBLIOGRAFÍA Y RECURSOS ADICIONALES

Google. (s.f.). Google Analytics blog. Obtenido de http://analytics.googleblog.com/

Google. (s.f.). URL Campaign Builder. Obtenido de https://ga-dev-tools.appspot.com/campaign-url-builder/

Luna Metrics. (s.f.). Obtenido de http://www.lunametrics.com/

Patel, N. (s.f.). Neil Patel blog. Obtenido de http://neilpatel.com/blog/

Patel, N. (s.f.). Quicksprout. Obtenido de Quicksprout: https://www.quicksprout.com

Unbounce. (s.f.). Unbounce blog. Obtenido de http://unbounce.com/blog/

○ · ● · ○

SOBRE JULIAN DELPHIKI

Julian Delphiki es un seudónimo, para salvaguardar la integridad de su identidad personal y garantizar que el foco permanezca en las ideas transformadoras y no en la persona. Esta postura filosófica impregna todos los aspectos de su trabajo, desde su cargo de alto nivel en una multinacional reconocida hasta en sus colaboraciones más privadas como sesiones de coaching personal a directivos.

Durante más de dos décadas, Julian ha recorrido con éxito los exigentes entornos de grandes corporaciones consolidadas como de startups de vanguardia en sectores tan punteros en eCommerce como el fashion. Este extenso recorrido lo ha forjado como un profesional polifacético, cuya experiencia no es meramente teórica, sino que está firmemente anclada en la aplicación práctica. Como profesional experimentado, ha perfeccionado sus habilidades en diversas funciones, desde la gestión de proyectos complejos pasando por el liderazgo, y la activación logrando de forma constante resultados que reflejan su compromiso inquebrantable con el éxito de cada proyecto.

Su visión estratégica y capacidad de adaptación lo han convertido en un visionario pragmático capaz de entender las necesidades del mercado, de las empresas y del público. Más allá de su trayectoria corporativa, Julian es fundador y consultor principal de su propia firma, donde canaliza esta experiencia para ayudar a organizaciones de todo tipo a optimizar sus operaciones y alcanzar un crecimiento sostenible. Su trabajo en este ámbito a menudo abarca áreas de marketing digital, negocios online y, en general, de gestión de empresas y productividad.

Sin embargo, la influencia de Julian trasciende con creces un comité ejecutivo. Su figura transciende en el ámbito del desarrollo personal y la exploración filosófica. Como profesor en distintas universidades y escuelas de negocio, es además un coach comprometido, dedicando su energía y pasión a fomentar la superación personal. Su filosofía de acompañamiento adopta un enfoque holístico, entrelazando con cuidado el crecimiento personal y la introspección filosófica. Este doble enfoque le permite ahondar en las sutilezas de temas críticos de las ciencias sociales. Con una auténtica pasión por empoderar a las personas para que alcancen su máximo potencial, Julian mantiene conversaciones inspiracionales y transformadoras al mismo ofreciendo herramientas prácticas para catalizar cambios positivos en la vida de las personas.

La fusión entre las esferas profesional y personal de Julian Delphiki crea un mosaico verdaderamente único de habilidades, conocimientos y un profundo compromiso con la mejora tanto de individuos, de organizaciones y de la sociedad. Su capacidad para tender puentes entre las exigencias estratégicas del mundo profesional y el profundo autoconocimiento que requiere el crecimiento personal ofrece una perspectiva extraordinaria para comprender el comportamiento humano y su psicología, hacia dónde se dirigen las empresas y cómo evoluciona la sociedad.

Esta base interdisciplinaria lo convierte en una voz capaz de publicar libros provocadores sobre temas muy diversos, unidos por su misión fundamental de facilitar el crecimiento y la comprensión en un mundo complejo.

OTROS LIBROS DEL AUTOR

La abolición del trabajo. BLACK, BOB and DELPHIKI, JULIAN. 2024.

Maestros del hábito. DELPHIKI, JULIAN. 2023.

Modern philosophers. DELPHIKI, JULIAN. 2022

A modern hero. DELPHIKI, JULIAN. 2022.

Folkhorror volume I. DELPHIKI, JULIAN. 2022.

Ad tech and programmatic. DELPHIKI, JULIAN. 2020.

eCommerce 360. English edition. DELPHIKI, JULIAN. 2020.

eCommerce 360. Spanish edition. DELPHIKI, JULIAN. 2020.

Content marketing and online video marketing. DELPHIKI, JULIAN. 2020.

Digital transformation. DELPHIKI, JULIAN. 2020.

Optimizing SEO and paid search fundamentals. DELPHIKI, JULIAN. 2020.

Social media business. DELPHIKI, JULIAN. 2020.

Tales of horror and history. DELPHIKI, JULIAN. 2020.

Web Analytics and Big Data. English edition. DELPHIKI, JULIAN. 2020.

Analítica web y móvil. Spanish edition. DELPHIKI, JULIAN. 2019.

www.ingramcontent.com/pod-product-compliance
Lightning Source LLC
Chambersburg PA
CBHW051114050326
40690CB00006B/782